1065

Das Buch

Nach dem großen Erfolg von »Happy Aua«, dem bizarrsten Deutschlesebuch der Welt, hat Bastian Sick erneut die lustigsten und kuriosesten Fundstücke aus den zahlreichen Einsendungen seiner Leserinnen und Leser ausgewählt und kommentiert.

Er lädt ein zu einem Spaziergang durch den deutschen Schilderwald. Wandern Sie mit ihm durch die Niederungen der Speisekarten und über die Hochebenen der Bedienungsanleitungen bis hinein in die entlegensten Winkel der Internetportale und Boulevardmagazine. Messen Sie sich mit anderen Deutschkennern im Kommasaufen oder holen Sie Gold im Diskurswerfen!

Diese Expedition ins Herz der sprachlichen Finsternis ist ein Muss für alle, die nach den sensationellen Kolumnenbänden »Der Dativ ist dem Genitiv sein Tod« und dem Vorgängerband »Happy Aua« einfach nicht genug bekommen können von der wunderbaren Welt der Sprache.

Der Autor

Bastian Sick, geboren in Lübeck, studierte Geschichtswissenschaft und Romanistik. Seit 1999 ist er Mitglied der Redaktion von »Spiegel Online«. Im Mai 2003 konnte man zum ersten Mal den »Zwiebelfisch« lesen, Sicks heitere Kolumne über die deutsche Sprache, aus der später die Buchreihe »Der Dativ ist dem Genitiv sein Tod« werden sollte. Es folgten zahlreiche Fernsehauftritte und eine Lesereise, die in der »größten Deutschstunde der Welt« gipfelte, zu der 15.000 Menschen in die Kölnarena strömten. 2006 ging Bastian Sick erstmals mit einem eigenen Bühnenprogramm auf Tournee, einer Mischung aus Lesung, Kabarett und fröhlicher Show. 2008 präsentierte er seine eigene Fernsehsendung im WDR.

Weitere Titel bei Kiepenheuer & Witsch

»Der Dativ ist dem Genitiv sein Tod. Ein Wegweiser durch den Irrgarten der deutschen Sprache«, KiWi 863, 2004 (liegt auch als gebundene Schmuckausgabe vor). »Der Dativ ist dem Genitiv sein Tod – Folge 2. Neues aus dem Irrgarten der deutschen Sprache«, KiWi 900, 2005. »Der Dativ ist dem Genitiv sein Tod – Folge 3. Noch mehr Neues aus dem Irrgarten der deutschen Sprache«, KiWi 958, 2006. »Happy Aua. Ein Bilderbuch aus dem Irrgarten der deutschen Sprache«, KiWi 996, 2007. »Der Dativ ist dem Genitiv sein Tod – Folge 1–3 in einem Band. Ein Wegweiser durch den Irrgarten der deutschen Sprache«, KiWi 1072, 2008.

Bastian Sick

Happy Aua 2

**Ein Bilderbuch aus dem Irrgarten
der deutschen Sprache**

Kiepenheuer & Witsch

1. Auflage 2008

© 2008 by Verlag Kiepenheuer & Witsch, Köln
© SPIEGEL ONLINE GmbH, Hamburg 2008
Umschlaggestaltung, Layout und Satz: Barbara Thoben, Köln
Umschlagmotiv: © Graça Victoria
Autorenfoto: © Martin Zitzlaff, Hamburg (www.zitzlaff.com)
Gesetzt aus der Corporate S
Druck und Bindearbeiten: CPI – Clausen & Bosse, Leck
ISBN 978-3-462-04028-9

Inhalt

Liebe Leserinnen und Leser,

im Laufe der vergangenen Monate habe ich Wäschekörbe voller Post bekommen. Nicht dass Sie jetzt denken, der Briefträger würde mir die Post in Wäschekörben bringen. Tatsächlich habe ich nicht einen einzigen Wäschekorb erhalten. Warum schreibe ich dann so etwas? Warum lasse ich dieses Buch mit einer Lüge beginnen? Gefolgt von einer zweiten, denn in Wahrheit beende ich dieses Buch gerade! Das Vorwort schreibt man nämlich immer zuletzt; wenn alles andere schon fertig ist.

Vieles von dem, was wir sagen und schreiben, bedeutet gar nicht das, wonach es auf den ersten Blick aussieht. Ich schreibe etwas von Wäschekörben und meine damit nichts anderes als »viel«. Andere haben eine sichtgeschützte Terrasse und beschreiben sie als »uneinsichtig«.

Wieder andere vermissen ein entlaufenes Haustier und geben zu Protokoll, sie würden es »vermiesen«. Woher kommt so etwas? Liegt es am Alkohol? Schließlich bietet ein Händler Wein an, »der Ihnen alles vergessen lässt«. An der Wirkung kann kein Zweifel bestehen — zumindest in Hinblick auf die Regeln der deutschen Grammatik.

Zugegeben, das Phänomen ist nicht neu: Fehler wurden immer schon gemacht, schließlich sind wir alle nur Menschen. Früher allerdings fiel nicht jeder Fehler sofort auf. Einige blieben im Verborgenen. Heute indes hat in unseren Breitengraden kaum noch ein Fehler die Chance, unentdeckt zu bleiben. Auch wenn mancher sich geschickt zu tarnen versteht: als leckeres Bürgerbrötchen zum Beispiel, als gesunde Wollmilch oder als zartes Alpenpfeilchen.

Doch meinen Leserinnen und Lesern entgeht nichts. Sie sind zur Stelle, wenn jemand gegen »widerlich abgestellte Fahrräder« protestiert, sie zücken den Fotoapparat, wenn im Supermarkt »Gümmnastik«-Schuhe angeboten werden, und sie greifen zur Schere, wenn die Zeitung von einer »Drohung der Borkenkäfer« berichtet oder wie ein Rentner »sich selbst und anschließend seine Frau« erschoss.

All das ist erschütternd! Zwerchfellerschütternd! Und es verdient, doku-
mentiert, gesammelt und publiziert zu werden, auch wenn die Aussicht gering
ist, dafür den »Publizier-Preis« zu bekommen. Somit also kommt hier nach
»Happy Aua« die Fortsetzung: noch bunter, noch verrückter.

Mein Dank gilt all jenen, die meine Arbeit unterstützten, indem sie mir Zei-
tungsausrisse schickten und Fotos zur Verfügung stellten.

Ganz besonders danke ich meiner Assistentin Katharina Baumann, ohne deren
ordnende Hände all die vielen Fundstücke am Ende womöglich doch noch in
Wäschekörben und nicht in diesem Buch gelandet wären.

Das Schönste an dieser Sammlung: Alles ist wahr! »Wie kommen Sie nur
immer auf so verrückte Sachen?«, werde ich oft gefragt, »denken Sie sich das
alles aus?« Keinesfalls! Die komischsten Situationen, die aberwitzigsten Irrtümer, die peinlichsten Schnitzer schafft immer noch das Leben selbst. Dieses
Buch gibt einen Ausschnitt der Welt wieder, in der wir leben. Und ich muss dazu
anmerken, dass ich nur allzu gern in dieser Welt lebe und dass mir all die tägli-
chen Fehler, Regelverstöße und Irrtümer keine Schmerzen bereiten. Denn so
manchem davon bin ich selbst auch einmal aufgesessen.

Nun bleibt mir nichts weiter, als Ihnen abermals viel Vergnügen zu wün-
schen mit all den erstaunlichen Nachrichten und Bildern aus dem Irrgarten unserer Sprache. Ganz gleich, ob Sie nun eher Mäusegeschnetzeltes mögen oder
hochqualifizierte Wurstwaren bevorzugen, ob Sie sich als männliche Verkäuferin bewerben oder es lieber mal als Lederchef probieren wollen – Sie werden
schon etwas Passendes finden! Und beim Blättern können Sie erleben, wie
schnell eine »Happy Aua« vergeht – da werden Minitz zu Zeckens!

Hamburg, im Oktober 2008

Wegen Vortbildung geschlossen

Der liebe Gott vergibt alles, und daher vergibt er bestimmt auch dieser Lehramtsstudentin, die sich hier einiges vergibt.

Aus dem Kleinanzeigenteil des Heilbronner Regionalblatts »Echo«

UNTERRICHT

Englisch, Spanisch, Italienisch für Anfänger und Fortgeschrittene für den privaten u. geschäftlichen Gebrauch. ☎

Seminar-Training nach System des Doktors Sinelnikov 1,2,3 Stufe von 3. bis 5. Okt. 08 in Künzelsau (russisch). ☎

Lehramtstudentin vergibt Nachhilfe (Kl. 1-10) ☎

Mathe-Nachhilfe für 2. Klasse in NSU gesu., ☎

Nachhilfe

Schule ist am 22.04. wegen Vortbildung geschlosssen!

So schlecht, wie immer gesagt wird, steht es doch gar nicht um unsere Kultur! Schließlich wird viel für die Weiterbildung getan. Jawohl, eine Institution nach der anderen schließt, weil alle sich fortbilden. Auch diese Schule hat den Bedarf erkannt. Um welche Art der Fortbildung es geht, erklärt sich von selbst.

Aushang an der Eingangstür einer Schule für Kampfsport in Homberg/Efze

> **Student gibt Nachhilfe in Englisch.
> Flexible Unterrichtsgestaltung,
> alle Klasse.** ▆▆▆▆▆▆▆▆
>
> **Realschülerin, 9. Kl., gibt
> Nachhilfe für 5. + 6. Kl. in Englisch
> u. Deutsch (Gramatik) in Malente.**
> ▆▆▆▆▆▆▆▆▆▆

Alle Achtung, dieses Nachhilfeangebot hat Klasse!
Und jetzt wissen wir auch, warum sich viele Schüler im
Deutschunterricht so grämen: wegen der Gramatik!

Kommasaufen und Flatrate-Parties sind in

In Deutschland trinken die Jugendlichen wieder deutlich mehr Alkohol als noch
vor einigen Jahren. Kommasaufen und Flatrate-Parties sind in. Im Vergleich zu
den Ergebnissen der Untersuchungen aus den Jahren 2004 und 2005 ist
festzustellen, dass der Alkoholkonsum bei Jugendlichen - nach einem Rückgang
zwischen 2004 und 2005 - jetzt wieder deutlich angestiegen ist.

Der neue Jugendspaß: Zeichensetzung, bis der Arzt kommt!

Vielerorts herrscht immer noch ein gravierender Lehrermangel.
Doch neue Lernkonzepte zeigen Wege aus der Krise: Es geht auch
ohne Lehrer! Jedenfalls in der Theorie.

Christian-Albrechts-Universität zu Kiel, 24118 Kiel

Aufgrund von Krankheit müssen die Seminare von Herrn Stellmacher

von Montag, den 05.11.2007 bis Freitag, den 09.11.2007

leider ausfallen.

Neue Informationen zum Seminar LERNEN OHNE LEHRER wird Herr Stellmacher
per E-Mail oder Aushang bekannt geben.

Aushang am Germanistischen Seminar der Christian-Albrechts-Universität zu Kiel

Soll die Rechtschreibreform
rückgänig gemacht werden?

Ja   0190 / 270 71 – 1

Nein   0190 / 270 71 – 2

legion, ein Anruf max. DM 0,36

Hier ist Ihre Meinung gefragt: Sollte die deutsche Rechtschreibung
auch im Privatfernsehen eingeführt werden?

Gesehen auf Pro7

Heute im Angebot

Olivenbäume wachsen sehr langsam und können viele Hundert Jahre alt werden. Bei einer solchen Lebensspanne sollte man erwarten, dass ihr Öl reif und voller Erfahrung ist. Einige Bäume schaffen es dennoch, hoffnungslos naives Öl hervorzubringen.

Entdeckt in einem Aldi-Markt in Erfurt

NAIVES
OLIVENÖL
EXTRA

12.⁹⁹

0828

Rumpsteak
für den Kenner mit Fettrand

| 187 | 200 g** | 9,90 |
| 188 | 300 g** | 12,90 |

Vorsicht vor kalorienreichen Komplimenten! Besonders,
wenn man Sie einen »Kenner« nennt: Es könnte an Ihrem
Hüftspeck liegen.

Von der Speisekarte eines spanischen Restaurants in Berlin-Spandau

Einst wurde Verona bitterlich vom Dieter enttäuscht. Dieser
wunderbare Wein half ihr darüber hinweg. Erst ließ er sie den
blöden Dieter vergessen, dann ließ er ihr auch noch die fiese
deutsche Grammatik vergessen. Heute braucht sie keine Hilfe
mehr, heute wird sie von sich selbst geholfen.

Gesehen in einem Schaufenster in Frankfurt-Höchst

Sind Sie schon
mal enttäuscht
worden?

Wir bieten
Ihnen Wein an,
der Ihnen alles
vergessen lässt!

RESTE
JETZT RAUS!

Gümmnastik
Schläppchen

versch. Farben

7⁹⁵

Bei der Arbeitssuche gilt: Seien Sie flexibel! Tägliche Gymnastik kann dabei helfen. Das gilt auch für Ihre Sprachkenntnisse! Aber treiben Sie es nicht zu weit! Eine überdehnte Rechtschreibung wird unweigerlich zu sprachlichen Schlappen (oder Schläppchen) führen.

Fundstück aus einem Supermarkt in Neuss

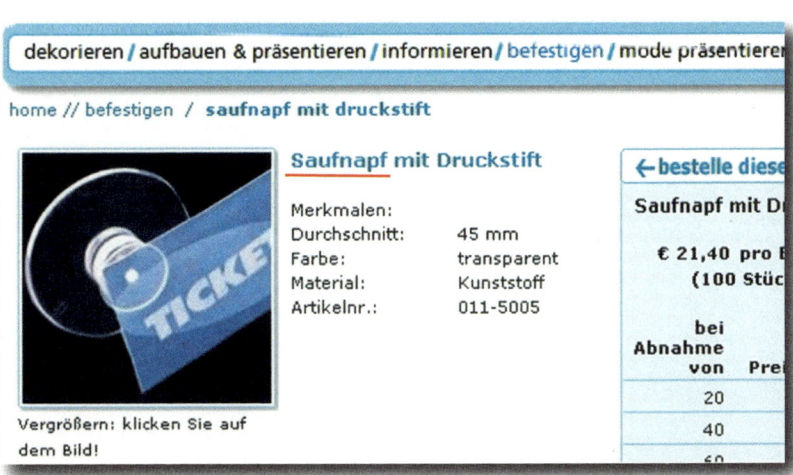

Vom Schläppchen zum Näpfchen. Wie man aus diesem Napf vernünftig saufen soll, ist mir allerdings schleierhaft. Das erfahre ich wohl nur, wenn ich das Bild als Mausmatte verwende und ordentlich darauf herumklicke.

Von der Internetseite www.beekwilder.com

Liebet
die Kinder

Für den Fall, dass die Geburtenrate in Deutschland
wieder sinkt, haben einige Krankenhäuser jetzt schon
mal Vorratsräume angelegt.

Entdeckt in der Entbindungsstation des Klinikums Hellersen, Lüdenscheid

1.131

Neugeborene
Vorratsraum

Im Zuge der Entlärmung öffentlicher Grünanlagen hat die Stadt-
verwaltung an zentralen Punkten Container für spielende Kinder
aufgestellt. Auf diese Weise können außerdem Kosten für die
Einrichtung und Instandhaltung von Spielplätzen gespart werden.

Nach dem großen Erfolg des Wechselkopfes für
Ehemänner gibt es jetzt auch Wechselköpfe für Kinder.
Wenn Sie den Anblick Ihrer Blagen nicht mehr ertragen:
Einfach Kopf abschrauben und einen neuen draufsetzen,
fertig ist die Bilderbuchfamilie!

St. Benno-Gymnasium informiert Eltern

Eltern, die ihr Kind ab der 5. Klasse im St. Benno-Gymnasium lernen lassen wollen, sind am 31. Januar eingeladen, sich über die Schule zu informieren. Die Veranstaltung beginnt 19 Uhr in der Aula, Pillnitzer Straße 39. Die Anmeldungen für alle künftigen Schüler ist in der ersten Winterferienwoche möglich. Dazu müssen neben dem vollständig ausgefüllten Anmeldeformular des St. Benno-Gymnasiums auch eine Kopie der Halbjahresinformation der Klasse vier sowie die Geburts- und die Kaufurkunde vorgelegt werden. Die Aufnahmegespräche sind nach individueller Terminvereinbarung Anfang März geplant. Eltern, deren Kinder Integrationskinder werden sollen, bittet das Ordinariat darum, sich so schnell wie möglich für einen Gesprächstermin zu melden.
ⓛ www.benno-gym.de

Diese Schule nimmt nicht jeden auf!
Kinder, deren rechtmäßiger Erwerb nicht eindeutig nachgewiesen werden kann, können dem Gymnasium gestohlen bleiben.

Aus den »Dresdner Neuesten Nachrichten«

«Iss mein Kind!»

Ebenfalls zu diesem Thema findet ein Praxisnachmittag «Iss mein Kind!» statt, wo Mütter (auch Väter) zusammen mit ihren Kindern «gluschtige» Vollwertrezepte ausprobieren.

Aus dem Seminarangebot der Volkshochschule einer deutschsprachigen Kannibalen-Kolonie in der Schweiz

Ausriss aus der »Fricktaler Zeitung« aus dem Schweizer Kanton Aargau vom 6. August 2004

GRÄFE & UNZER

Jetzt koch
Ich Mama!

14,90

basic

Bio für all

Der frische Bio-Supermark[e]

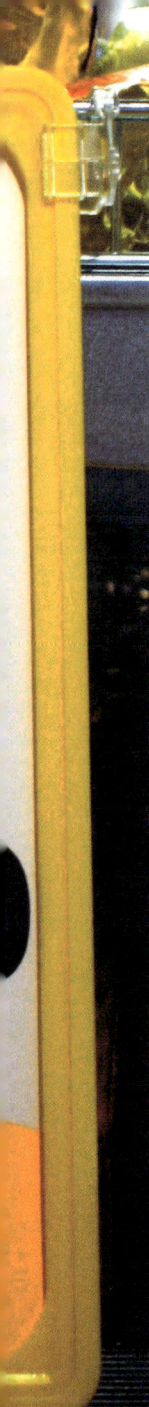

Mancher nimmt für eine grausame Erziehung bittere Rache. Einer hat darüber sogar schon ein Buch geschrieben. (Dies als Warnung an alle Mütter, die da meinen, Kommasetzung sei unwichtig, so etwas brauchten ihre Kinder nicht zu lernen.)

Fundstück aus einem Bio-Supermarkt (!) in Bonn

Im Zoo

Im **Raubtierhaus** steht Ihnen

ein **Wickelraum**

zur Verfügung.

An der Robbenanlage rechts

Bemerkenswert, auf welch subtile Weise hier ein
Zoo seine Futterprobleme zu lösen versucht.

Fotografiert im Heidelberger Zoo

In diesem Park sind offenbar nicht nur Elche einem erhöhten Risiko ausgesetzt, sondern auch die Grammatik.

Entdeckt im Tierpark Freisen im Saarland

Liebe Parkbesucher

Die Elche bitte nicht füttern!

Falsches Futter bedeutet den Tieren ihr Tod.

Eltern haften für ihre Kinder!

The Apes might bite.
Do not feed the Apes.
Les Singes peuvent mordre.
Ne nourrissez pas les Singes.
Die Affen Können beißen.
Futtern Sie die Affen nicht.
Los Monos pueden morder.
No alimenten a los Monos.

Pech für alle, die Appetit auf Affen haben: Diese Exemplare sind nicht zum Futtern da. Im Gegenteil: Willst du sie futtern, so beißen sie zurück! Also futtere lieber ein paar Nüsse!

Fotografiert in Gibraltar

NE CARESSEZ PAS LES SINGES
DIE AFFEN NICHT STREICHEN
DO NOT TOUCH THE MONKEYS

TENEZ LES ENFANTS A LA MAIN
KINDER AN DER HAND FÜHREN
LEAD YOUR CHILDREN BY THE HAND

NE DONNEZ QUE **NOTRE** POP-CORN
FEED ONLY **OUR** POP-CORN
NUR **UNSER** POP-CORN FÜTTERN

ATTENTION A VOS AFFAIRES
ACHTEN SIE AUF IHRE GEGENSTÄNDE
MIND YOUR BELONGINGS

LA DIRECTION DECLINE TOUTE RESPONSABILITE EN CAS DE NON RESPECT DES CONSIGNES

Seit eine Gruppe ausgelassener Malergesellen in diesem Tierpark ihr Unwesen trieb, ist das Mitbringen von Farbe strengstens untersagt.

Entdeckt bei Kintzheim im Elsass

Finden Sie Ihren Traumberuf!

LEITUNG
Wie in Baden-Baden Manager auf Spritzenposten vorbereitet werden, *Seite 44*

Baden-Baden ist nicht länger nur für sein Kasino, seine Bäder und seine Festspiele bekannt. Seit Kurzem sorgt es auch für Schlagzeilen mit der erfolgreichen Umschulung von Managern zu Feuerwehrleuten.

Aus der »Frankfurter Allgemeinen Sonntagszeitung« vom 13. März 2005

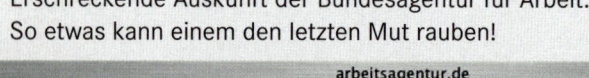

Suche Leute, die keine Arbeit suchen, 1.000,- € bei 10 Std.-Woche und freier Zeiteinteilung. ☎ ████████

1000 Euro fürs Nichtstun? Da dürfte das Telefon kaum noch stillgestanden haben.

Kleinanzeige aus dem Recklinghäuser »Stadtspiegel«

Erschreckende Auskunft der Bundesagentur für Arbeit. So etwas kann einem den letzten Mut rauben!

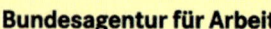

arbeitsagentur.de

https://www2.arbeitsagentur.de:443/vam/vamController/Homepage/abmelden

arbeitsagentur.de

Bundesagentur für Arbeit

Sie sind abgemeldet

Vielen Dank für den Besuch bei arbeitsagentur.de. Über den folgenden Link gelangen Sie zu unserer Startseite zurück:

Startseite

Übergewicht muss kein Nachteil sein.
Mitunter ist es sogar Einstellungsvoraussetzung.

Unser Auftraggeber ist ein renommiertes Logistikunternehmen in **Frankfurt/M**.
und sucht zum nächstmöglichen Termin einen

kaufmännischen Mitarbeiter m/w (fett)

Das Aufgabengebiet umfaßt die Disposition und Abrechnung von Fahrzeugen im Nah- und Fern-
verkehr, einschließlich Tourenoptimierung.

Kaufmännische Berufspraxis sowie Erfahrung im Umgang mit dem PC sind erforderlich,
Englischkenntnisse von Vorteil. Denkbar wäre auch ein Berufsanfänger, der erst kurzfristig seine
Ausbildung abgeschlossen hat.

Für das Projekt „Schallschutz" suchen wir für unseren Kunden am Flughafen Düsseldorf, ab sofort im Rahmen
der Arbeitnehmerüberlassung eine/n

Bauchzeichner/in Hochbau

Sie sind Ansprechpartner/in für die Anwohner des Flughafens in allen Belangen des Schallschutzes.
Sie prüfen und bearbeiten Anwohner-Anträge und erfassen die relevanten Daten.

Übrigens: Als einer der ersten Personaldienstleister Deutschlands hat ██████ ein individuelles
Betreuungsangebot insbesondere für unter 3-jährige Kinder eingerichtet – ██████

Weitere Info's dazu und zu anderen interessanten Positionen finden Sie unter ██████

Auch wenn vieles in unserer heutigen Welt den
Anschein erweckt, als sei es einfach so aus dem
Bauch heraus entworfen: Es steckt doch immer ein
qualifizierter Kopf dahinter!

Männl. Verkäuferin (Teilzeit) für sofort gesucht.

Lange hatte Ulrike P. in dem Glauben gelebt, ihre maskuline Ausstrahlung sei schuld daran, dass sie nie einen Job als Verkäuferin bekam. Das sollte sich von einem Tag auf den anderen ändern.

Gesehen im Schaufenster eines Bekleidungsgeschäfts in Osnabrück

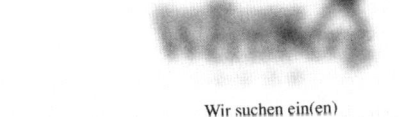

Wir suchen ein(en)

Zimmermädchen/-mann

zur Festanstellung.
Arbeitszeit vorwiegend tagsüber, aber auch Aufdeckdienst von 19.00 bis 21.00 Uhr im Wechsel. Aufgabenfeld: Reinigen der Zimmer und Gasträume. Über die Konditionen unterhalten wir uns persönlich oder gern auch vorab am Telefon.

Offenbar muss beim Reinigen der Zimmer in diesem Hotel auch immer mal der eine oder andere Balken ausgewechselt werden.

Stellenanzeige aus der »Amberger Zeitung« vom 8. Dezember 2007

Und das alles
nur aus Liebe

Hochzeitscrash-Kurs

579

Hochzeitscrash-Kurs für 2 Personen

Startpreis   Ladenpreis

Sie wollen heiraten, doch Sie fürchten sich vor dem sogenannten Hochzeitscrash? In diesem Kurs können Braut und Bräutigam lernen, wie sie sich im Falle eines Nervenzusammenbruchs während der Hochzeit zu verhalten haben.

Anzeige eines Hochzeitsausstatters in der »Hannoverschen Allgemeinen« vom 17. November 2007

Montags beim Reiten, dienstags ist Bowling dran, freitags Tennis, samstags zum Angeln, sonntags auf Brautschau ... Tja, so geht die Woche schnell rum!

Fundstück aus der Programmzeitschrift »Hörzu«

21.45 Brautschau auf dem Nil 440-132
START 3-teilige Doku, Dtl. 2007 (1)
Ich suche eine Frau – jeweils sonntags
22.15 In echt verliebt? ▭ 996-381
6-teilige Datingshow. Ruzbeh

_Vorbereitungen
der Braut:_

- **Beautycase und Brauttäschchen:** Prüfen, ob Sie alle Kosmetika, Ersatzstrumpfhose vorrätig haben, die Sie nach dem Schminken am Hochzeitsmorgen brauchen.
- **Make-up:** Wimpern färben und Augenbrauen in Form zupfen.
- **Kosmetikerin:** An einem gut belüfteten Ort locker aufhängen; vielecht muss noch etwas aufgebügelt werden.
- **Personalausweis:** Eventuel Beine mit Wachs enthaaren lassen (am besten zwei Tage vor der Hochzeit).
- **Achselhaare:** Mit einem Rasierer oder einer speziellen Enthaarungscreme zwei bis drei Tage vor der Trauung entfernen (Die Creme auf allergische Reaktionen testen!).
- **Accessoires:** Handtäschchen, Schmuck, Dessous, Schuhe griffbereit halten.

Dass man die Kosmetikerin zum Lüften aufhängt und überbügelt, ist ungewöhnlich genug, aber seit wann muss man sich für ein Passfoto die Beine enthaaren lassen?

Von der Internetseite www.vorderhochzeit.de

Es gibt viele gute Gründe zu heiraten. Die sogenannte Liebe ist einer davon. Das verspricht eine »glückliche« Ehe zu werden!

Wir müssen nicht,
wir brauchen nicht,
wir wollen aus „Liebe" heiraten -
am 22. Juni 2007 in der St. Marienkirche
zu Heiligenstedten um 17 Uhr.

Kein Polterabend

Das könnte Sie auch interessieren:

- **Produktübersicht**
- **Tipps & Ideen für das Brautpaar: Flitterwochen**
- **Tipps & Ideen für das Brautpaar: Scheidung**

Tipps und Ideen von einer sehr pragmatisch orientierten Internetseite für Brautpaare

Gefunden auf www.ballon24.de

Die glückliche Familie

FAMILIENGLÜCK

Der Weg zum Wunschkind

Endlich Hoffnung für total verwünschte Paare!

Manche Familien gehen sonntags regelmäßig in die Kirche, andere gehen sonntags regelmäßig in die Brüche. So wie die Familie Peerson. Die lässt es jeden Sonntag richtig krachen.

Entdeckt auf der Speisekarte des Restaurants auf Schloss Eichholz in Wesseling

rosecco „Linea 071"   0,1   2,8(
ocken   0,75   19,0

Ab Sonntag dem 08. Juli 2007
jeden Sonntag
großer
Familienbruch
von 10 Uhr bis 14 Uhr

pro Peerson 14,50 €

Wegen der Geburt meiner Frau heute Geschlossen.

Dass Männer der Geburt ihrer künftigen Ehefrau beiwohnen, kommt ja immer wieder mal vor. Das ist dann auch ein triftiger Grund, das Geschäft vorübergehend zu schließen.

Entdeckt an der Scheibe eines Berliner Lokals

Technik, die begeistert

Wollen Sie sonst noch etwas wissen? Dann fragen Sie
unseren Haartrockner! Er gibt Ihnen gerne Auskunft!

Fundstück aus dem »Holiday Inn« im föhnverwöhnten München

Sehr geehrter Gast,
zu Ihrer Information finden
Sie unseren Haartrockner im
Kleiderschrank.

Dear Guest,
for your convenience please
d a hairdryer in your wardrobe.

Scheiß- und Wasserresistent

Toll! Diese Kopfhörer bleiben sogar intakt, wenn man sie die Toilette runterspült.

Aus der Werbung des Technikkaufhauses Saturn

Bei diesem Gerät gilt: Vor dem Telefonieren immer gründlich die Hände waschen!

DECT - Telefon

spritzwassergeschütztes und schmutzempfindliches Mobilteil

22,00 €

Aus unserer Werbung   Aus unserer Werbung   Aus unserer Werbung   Aus unserer Werbung   Aus unserer Werbung

Nachdem es bereits mehrere hässliche Unfälle gegeben hatte, hielt es der Hersteller für angebracht, die Kunden auf die Risiken hinzuweisen.

● „Vollkorn" nach dem 2. Knetvorgang

Es ertönt dann jeweils ein Piepston, der anzeigt, daß der Deckel geöffnet werden kann. Danach ist der Backautomat wieder zu verschließen. Falls Sie die Zutaten zu früh zugeben, werden Sie durch den Kneter zermahlen.

Aus der Bedienungsanleitung eines Brotbackautomaten

Verkehrt im Verkehr

Wie ramme ich meinen Vordermann am wirkungsvollsten? Wo kann ich mich elegant überschlagen? Ist Beton wirklich härter als Blech? Fragen, die ein Crashkurs klärt – in Ihrer Fahrschule!

Entdeckt in Halle an der Saale

Nachdem eine Umfrage ergab, dass die meisten Autofahrer Parkgebühren für weggeworfenes Geld halten, wurde das Design der Parkautomaten entsprechend angepasst.

Fotografiert am Parkplatz Haldensee in Tirol

Vom Airport zum Flughafen ist es nur ein winziger (Übersetzungs-) Schritt. In Hamburg braucht man dafür allerdings etwas länger.

halten ist. **Für viel Ärger hat in Hamburg der im Bau befindliche S-Bahn-Anschluss des Flughafens gesorgt, der nach ständigen Verzögerungen jetzt Ende 2007 fertig werden soll. Die Fahrt zwischen Airport und Flughafen dauert dann gerade noch 23 Minuten.**

Aus dem Magazin »Business Traveller« vom Juli 2004

(Tatsächlich wurde der S-Bahn-Anschluss erst Ende 2008 fertiggestellt, und in der Hansestadt entbrannte ein heftiger Streit, ob die Bahnstation »Flughafen« oder »Airport« genannt werden soll.)

Eintritt frei
. für Kinder bis zu 14 Jahren, die von einem Elternteil begleitet sind
. für die behinderte Personen
. in der Verkaufshalle
Viele freie Parkplätze verfügbar.
Freie Schüttelbusse zwischen den verschiedenen Austellungsorten zugänglich mit einem Eintrittspass.

Das freut vor allem die Kinder: Busse, in denen man so richtig durchgeschüttelt wird!

Gefunden unter www.patchwork-europe.com

erbot
nbykes !!
eachtung
nzeige !!

Wegerhalter

... und freie Fahrt für Mountainbikes!

Gesehen in Vorderälpele in Vorarlberg

Hermann K. war das ständige Quengeln und Murren auf seinem Parkplatz leid. Er wollte endlich etwas Dankbarkeit.

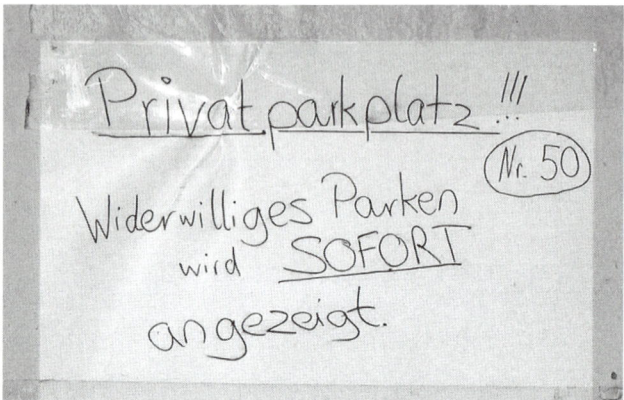

Gesehen in Pleidelsheim

Das soll mir recht sein: Mein falsches Parken können die ruhig abschleppen, solange mein Auto stehen bleibt!

Fotografiert in Überlingen

Einfach nur eine rechtlose Drohung — oder Ausdruck eines
Ordnungsfanatikers mit übersteigerten ästhetischen Ansprüchen?

Entdeckt in Telgte

Wer nichts wird, wird Wirt

Hier legt der Wirt offenbar selbst Hand an — kein
Grund also, verwir(r)t zu sein.

Fotografiert in Braunschweig

ZUR ZEIT
WIRD
RENOWIRT

ehmen

FNUNG!!
EXT
BEI
IELE

Pizza   Euro

61

Lust auf ein ausgedehntes Frühstück? Dann sind Sie hier
genau an der richtigen Adresse!

Entdeckt in einem Café in Wien

Pyraser Bier

Fasching in Eysölden

Der TSV Eysölden lädt zu seinen Faschingsveranstaltungen in der Sporthalle herzlich ein:

Donnerstag, 31. 01. 2008, ab 20.30 Uhr:

Weiberfasching mit „Live Sound"

Samstag, 02. 02. 2008, ab 20 Uhr:

Großer Faschingsball mit „Sunrise"

Für Stimmung, Hunger und Durst ist wie immer bestens gesorgt.

Auf Ihr Kommen freut sich der TSV Eysölden.

Pyraser
WALDQUELLE

Auch in diesem Jahr gingen die Besucher des Eysöldener Faschingsballs wieder hungrig und durstig nach Hause. Die Veranstalter hatten Wort gehalten: Nicht ein einziges Würstchen wurde verkauft und kein einziges Glas Bier ausgeschenkt.

Dass das Restaurant »Zur goldenen Möwe« in Wahrheit nichts Besonderes, sondern ganz gewöhnlich ist, haben viele immer schon vermutet. Dieser Verdacht wurde inzwischen von der Geschäftsführung offiziell bestätigt.

Man kann nur hoffen, dass die Zimmer auch schalldicht sind ...

Und wieder einmal hat die Schwerkraft dem Traum vom
Fliegen ein Ende bereitet. Passt so aber auch: Die Holländer
sind schließlich für ihre Gemütlichkeit bekannt.

Gesehen in Potsdam

Der 35. Mai

Mit Einführung des Europa-Tages gelang es den
europäischen Arbeitgeberverbänden am Ende doch noch,
die heftig umstrittene Acht-Tage-Woche durchzusetzen.

Werbekalender eines Biotechnologie-Unternehmens

Merkys River / Lithuania

1 Sunday   Labour Day

2 Monday   18

3 Tuesday

4 Wednesday

5 Thursday   Ascension / National holiday in NL

6 Europe Day

7 Friday

8 Saturday

Ein weiteres Beispiel für den Pragmatismus der Schwaben:
Wegen des anhaltend schlechten Wetters wurde im Dörfchen
Holzschwang der Mai kurzerhand auf den Juli verschoben.

Plakat aus Holzschwang (Neu-Ulm)

Sorat Insel-Hotel

in Regensburg

Der genannte Betrieb ist berechtigt, für den Zeitraum

September 2004 bis Augsburg 2007

folgende Klassifikation zu führen und zu nutzen.

First Class

Und nach Regensburg folgt bekanntlich auch
wieder Sonnenschein ...

Auf der Sprachmüll-
deponie

Müllabfuhr verschiebt sich

Erst nach Jahresbeginn wird abgeholt

Durch den Feiertag Neujahr verschieben sich die Abholtermine in der ersten Januarwoche um jeweils einen Tag. Der Mittwoch wird am Donnerstag, der Donnerstag am Freitag und der Freitag am Sonnabend, 5. Januar 2008, abgeholt.

Und wann holen sie endlich den Dienstag ab?
Der steht hier schon seit Silvester rum und
fängt allmählich an zu stinken!

Aus der »Neuen Presse« (Hannover) vom 31. Dezember 2007

St.u.H.

An alle Studenten des Wohnhauses Lodyweg und Jägerstr.

**Ich bitte alle Studenten den Müll Ordnungsgemäß zu trennen.
Da sonst erhebliche mehr kosten für Sonderlehrungen auf Sie
zukommen.**

Mit freundlichen Grüßen,
Ihre Wohnheimleitung

Diese Wohnheimleitung hätte ein paar
Sonderbelehrungen verdient.

Aushang in einem Studentenwohnheim in Hannover

Der Dativ von Gegenständen ist offenbar nicht
Gegenstand dieses Verbots.

Fotografiert auf Burg Rheinfels bei St. Goar

Unsere kleinen Lieblinge

Kein Wunder: Wenn einem das Leben derart vermiest wird, bleibt einem gar nichts anderes übrig als davonzulaufen!

Aushang in der Münchner U-Bahn

Vermiest !

Wir vermiesen unsere kleine Chihuahua Hundin, kurz- und rothaarig. Sie ist nur 16 Wochen alt. Sie hat sich heute, am 25.06.2007 , verlaufen. Sie ist schüchtern und sehr lieb. Wir vermiesen sie sehr, und besonderes unsere zwei Kinder.

Wachsender Beliebtheit unter den Nagetierfreunden erfreut sich der Holzhase! Die Verletzungsgefahr durch Splitter wird allerdings deutlich unterschätzt.

Entdeckt in einem Berliner Geschäft für Haustierbedarf

Sprechzeiten

für Fische, Amphibien und Reptilien
Kaulbachstrasse 37, 80539 München

Tel. 089-2180-2283

KONTAKT

Montag	Dienstag	Mittwoch	Donnerstag	Freitag
15 - 18	13 - 16	...	17 - 20	13 - 14

...und nach telefonischer Vereinbarung

Wer hat behauptet, dass Fische stumm seien?
Sie können sogar telefonieren!

Anzeige auf der Internetseite der Uni München

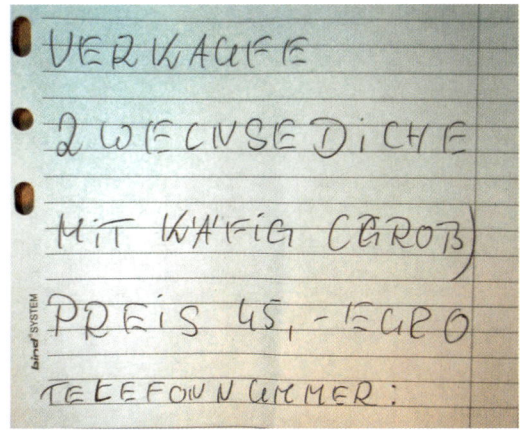

VERKAUFE
2 WELLNSEDICHE
MIT KÄFIG (GROß)
PREIS 45, - EURO
TELEFOWNUMMER:

Unter den gefiederten Hausfreunden nach wie vor hoch im Kurs:
der Welnsedich. Und wenn se dich nich weln, dann weln se mich!

Aushang am Schwarzen Brett eines Supermarkts ihn Wismar

78

e
e
ßen
de,
ke !

Im Grunde ist es egal, dass hinter »schließen« ein Komma fehlt — Hunde können ohnehin nicht lesen!

Wer will fleißige Handwerker sehn?

Handwerkern bei der Arbeit zuzusehen, kann eine
wahre Freude sein. Besondere Beachtung verdient es
offenbar, wenn Maler arbeiten. Schauen Sie also
genau hin! Aber stören Sie bitte nicht!

Fundstück aus Offenbach

Eine ansprechende Schaufensterwerbung tut neugierig
machen auf mehr!

Fotografiert in Mülheim-Kärlich

Türkischer Gerüstbauer? Oder gab es bei den
Klebebuchstaben kein »e« mehr? Not macht
bekanntlich ürfindürisch ...

Gelegenheit macht Diebe

ren. – Um den kleinen Einbrechern und ihren Hinterleuten das Leben schwer zu machen, bittet die Polizei um die Aufmerksamkeit der Nachbarschaft. Auch sollten Fenstern und Türen beim Verlassen der Wohnung selbstverständlich sein. (pol)

Und wieder ein typischer Schildbürgerstreich! Wo sich doch jeder ausrechnen kann, dass es die Einbrecher ohne Türen und Fenster(n?) viel schwerer hätten!

Aus der »Rheinpfalz« vom 24. Dezember 2004

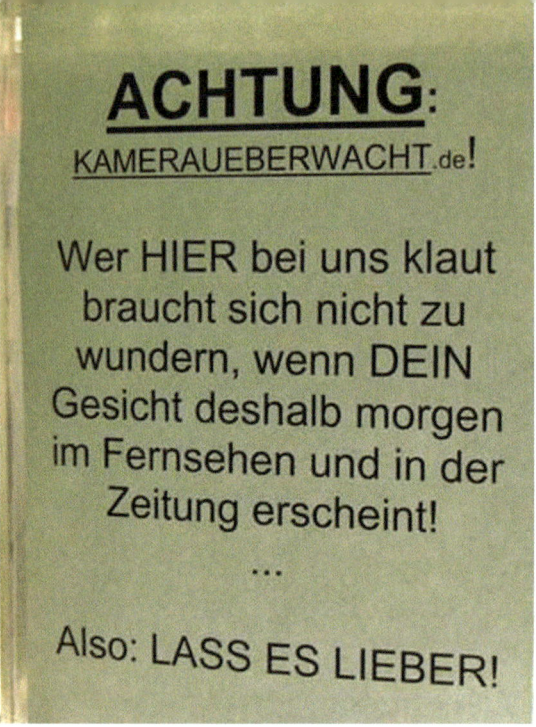

Dieser Hinweis schreckt wohl eher die Kunden ab als die Ladendiebe. Wer will schon in der Zeitung erscheinen, nur weil irgendjemand anderes was geklaut hat?

Aushang in einem Hamburger Elektrogeschäft

Um Autobesitzern auch künftig den Diebstahl ihres Fahrzeugs garantieren zu können, setzt das organisierte Verbrechen jetzt auf Satellitentechnik.

Dauerhafter Freigang für Knastbrüder in NRW: Das Gefängnis in Castrop-Rauxel ist aufgeschlossen! (Da erinnert man sich an den Tag der offenen Tür bei der belgischen Marine, bei dem auf einen Schlag die gesamte U-Boot-Flotte abgesoffen ist.)

Gefunden auf der Homepage der Justizvollzugsanstalt Castrop-Rauxel

Für 11 Euro Stress

■ BAD KISSINGEN. Waren im Wert von elf Euro hat eine 77-jährige Frau in einem Drogeriemarkt in Bad Kissingen „mitgehen lassen". Ein Ladendieb hat die Frau gestoppt und zur Anzeige gebracht.

Wo ist die viel gerühmte Solidarität unter den Ladendieben geblieben?

Aus der »Rhön- und Saalepost«

Schöner Wohnen

Bei der Tierhaltung ist auf vieles zu achten. Eine ausgewogene Ernährung ist ebenso wichtig wie ausreichender Auslauf und formschönes Mobiliar. Der anspruchsvolle Hund legt Wert auf einen eleganten Hundekorb, und auch die Ratte mag es bequem.

Aus einem Katalog des Versandhandelsunternehmens Bonprix

Nach der Spukvilla am Stadtrand, der Horrorhütte in den Bergen und dem Psycho-Appartement am Meer hat die Adams-Familie ein neues Zuhause gefunden.

Aus den »Lübecker Nachrichten«

Hall, 3-Zimmer **Altbauch-**
arme, 95 qm, gute
Lage, Sanierungsbedarf,
€ 105.000.-
Tel.: ▮▮▮▮▮▮▮▮

Diese Anzeige bein-
haltet einen bemerkenswerten Wortbruch.

Das männliche Pendant zur Domina: der Lederchef.
Hier findet er das geeignete Mobiliar.

Aus einem Edeka-Prospekt vom August 2007

Immer mehr Menschen bauen ihre Bäder zu großartigen
Erlebnisräumen aus. Das moderne Breitbad bietet Platz
für Tennis, Kino und Konzertereignisse.

Internetwerbung

Nach langem Zureden erklärten sich alle Teile des Hofes
einverstanden mit dem Verkauf: die Zimmer, das Bad, die
Terrasse, die Scheune. Nur der Garten zeigte keine Einsicht.

Entdeckt auf www.immobilien-tuschen.de

Da sage noch mal einer, das Fernsehprogramm
sei nicht ausgewogen!

Was blüht
denn da?

Die Geschichte von Wilhelm Tell, der mit einem Pfeil aus seiner Armbrust einen Apfel auf dem Kopf seines Sohnes durchbohrte, ist bekannt. Weniger bekannt ist die Geschichte von dem Pfeil, der danebenging und im Fels stecken blieb. Dabei wurde nach ihm eine berühmte Blume benannt, das allseits beliebte Alpenpfeilchen!

Fundstück aus einem »Kaiser's«-Supermarkt in Berlin

Qualität
radikal
reduziert!

Die Konkurrenz mag die Preise herabsetzen, hier senkt man lieber die Qualität. Das ist ehrliche Werbung! Nicht weniger fair ist da der Hinweis, dass man beim Durchwühlen der Ware am besten eine Schaufel benutzt.

Die Vorher-Nachher-Werbung ist auch nicht mehr, was sie mal war.

Gesehen in einem Münchner Modegeschäft

Qualitätsgarantie für unsere Wurstwaren

*Seit 1953 schlachten wir unser gesamtes Vieh
von Bauern vom Ort und Umgebung immer
noch selbst.
Dieses Fleisch verarbeiten wir ohne Fremdstoffe
zu hochqualifizierten Wurstwaren.
Alle Ausgangsmaterialien werden von jeher
ständig stichprobenweise auf Hormone,
Wachstumsfördoror und Antibiotika untersucht.*

Vielen Betrieben fehlt es an qualifizierten Fachkräften,
dafür produziert die Lebensmittelwirtschaft immer mehr
superschlaue Würstchen!

Von der Speisekarte eines Restaurants in Oberbayern

amente in flüssiger   abgestimmt".

isse **Markus** ▉▉▉▉**: Hochwer-**
ches **tige Sachsen schicken wir auch**
wei- **mit der Post nach Hause.**

Unverblümte Mafia-Drohung in
der »Leipziger Volkszeitung«

Wem die süße Zuckermaus und die kleinen Teufelchen
zu teuer sind, der findet sein Glück vielleicht darunter ...

Aus dem Kleinanzeigenteil des »Fränkischen Tags«

SEHR GEEHRTE GÄSTE!

Freuen Sie sich auf eine neue
WÄSCHE-LIFESTYLEWELT.

Die damit verbundenen
Unannehmlichkeiten bitten wir
zu entschuldigen.

Ihre GALERIA KAUFHOF,
Köln, Hohe Straße

Ich freu mich drauf!

Abgesehen von der aberwitzigen Wortschöpfung: Welche
weiteren Unannehmlichkeiten mögen den Gast in der neuen
»Wäschelifestylewelt« wohl erwarten? War jemand zur
Eröffnung da und kann es mir sagen?

Jacke wie Hose

KACKE AUS KALBLEDER, *JUST CAVALLI.* BADESLIP, *SPEEDO*

Schauen Sie nicht nur auf
den hübschen jungen Mann!
Beachten Sie auch das
Kleingedruckte!

Aus der Modezeitschrift »GQ Style«

Aufgewertet
Große Größen spielten in der Modewelt bislang ein
Schadendasein. Das ist nun vorbei. **SEITE 8**

Diese Modelle wissen:
Wer den Schatten hat, der muss sich um den Spot bemühen.

Aus der »Frankenpost«

Sport ist Mord

Gold im Diskurswerfen

Wiederholung Tagesschau von 21.00

Bei den diesjährigen Rhetorik-Meisterschaften holten die
deutschen Teilnehmer Bronze im Wortfechten und Silber
im Redenschwingen. Und am Ende gab es sogar eine
Goldmedaille!

»Tagesschau« vom 29. August 2007

**Das Training
in offenen Schuhen und
Glasflaschen im Trainingsraum
ist im Thomas Sport Center
nicht gestattet!!!
Die Zuwiderhandlung findet
ausdrücklich auf eigene Gefahr
statt.**

Die Mitglieder des Buddelschiff-Klubs waren verärgert. Wie sollten sie sich auf die kommende Segelregatta vorbereiten, wenn man sie nicht mehr in ihrer Glasflasche trainieren ließ?

Aushang in einem Sportcenter in Dresden

Richtig wäre ja wohl: Alle Spiele, alle Toten...

Pro7-Videotext vom 23. März 2004

Wenn Fußball zum Katz-und-Maus-Spiel wird ...

Aus der »Leipziger Volkszeitung« vom 3. April 2007

Bei dieser wortschöpfungsmäßigen Maßnahme überrascht es nicht, dass alle sporthalligen Tätigkeiten ersatzlos gestrichen sind.

Gesehen in Hamburg-Eimsbüttel

Achtung!
Die Sporthalle ist aus baumaßnahmischen Gründen am
21.05. – 22.05.2007 ganztägig gesperrt!

Leckeres aus unserer Küche

»Mensch, Heini, du Depp, bei den frischen Pfifferlingen
hast du das ›P‹ vergessen!« – »Kapiert, Chef, das bring
ich sofort in Ordnung!«

Fotografiert in Bad Honnef

Wenn der Kuchen schon nichts Besonderes ist, würde ich ja nicht noch extra darauf hinweisen.

Gesehen in Neuruppin

Neue Maßeinheit für Kuchen?

Angebotsschild in einem Hamburger Bäckereigeschäft

Revolution im Backbetrieb: Nie wieder Kaisersemmeln!
Stattdessen Bürgerbrötchen für alle!

Fundstück aus der Mensa der Universität Karlsruhe

Bei Laura's Pizza vergeht einem offenbar alles ...

Lieferschein einer Pizzeria in Schwäbisch Hall

Filetgeschnetzeltes „nach Art des Hauses"
mit Maus, Paprika, grünem Pfeffer und Tomatenwürfeln
in Cognacsauce mit Reis und Salatteller
(oder vegetarisch)   5,70

Mäusegeschnetzeltes? Dann doch lieber die vegetarische
Variante!

Aus der »Esslinger Zeitung«

*Schnitzel mit Gorgonzohlersoße, Pommes Frites
und Salat 4,90 €*

-

*Kasseler mit einer deftigen Soße, Sauerkraut und
Kartoffelpüree 4,90 €*

Wo leben sie eigentlich, diese Gorgonzohler?
Vermutlich wohl in Gorgonzohl — und wo das liegt,
das weiß der Blauschimmelreiter ...

Von der Speisekarte einer Gaststätte in Marburg

einfach nur genießen!

Liebe Kunden,

besuchen Sie doch
einmal unsere Filiale
mit gemütlichem
Sitzverzehr
in der unteren Ebene
(Osthalle).

Wir freuen uns auf Sie.

www.lecrobag.de

Herzhaft biss Gretel ins Polster, während Hänsel gleich ein ganzes Stuhlbein verschlang. Da hörten sie mit einem Mal die alte Hörnchen-Hexe kichern: »Knusper, knupser, knitzchen, wer knabbert an meinem Sitzchen?«

Gefundenes Fressen am Berliner Bahnhof Südkreuz

Von Kopf
bis Fuß

Tel. ... Fax: 0 68 61 / 93 74 72

KRISAM
Orthopädie

Kostenlose Schnupperfuß- massage

am verkaufsoffenen
Sonntag, 16. 3. 2008
13.00-18.00 Uhr

Unser neues Fußpflegeteam:

~~Frau Angela Reisz, ...logische Fußpflegerin~~
~~Frau ...ßel Gra..., ...logisch... Fußpflegerin~~

freuen sich über Ihren Besuch.

Auch ein kleines Präsent liegt für Sie bereit.

Vor dem Massieren wird erst mal schön dran geschnuppert! Das bringt unsere Fußpflegerinnen so richtig in Wallung!

Mangelhaftes Deutsch. Es sei denn, hier wird die
Wäsche wirklich nur gemangt.

Silke 's
Mang- und Bügelstudio
Wir übernehmen Ihre gesamte Mang- und Bügelwäsche
aus Privathaushalt und Gastronomie!
Hol- und Bringservice möglich!

Wenn bei Programm 2 die Unterwäsche mitgewaschen wird,
werden dann bei Programm 4 auch die Hemden gebügelt?
Rätselhaftes Angebot eines Drive-in-Waschsalons …

Entdeckt in Kempten (Allgäu)

Als die Temperatur im Wageninneren auf 90 Grad
anstieg, schwor sich Dieter F., nie mehr durch
eine Autowaschanlage zu fahren.

Fotografiert in Neubrandenburg

Rentnerin Ilse K. unterbrach ihren Einkaufsbummel, um
sich von diesem günstigen Pflegedienstleister waschen
und für ein Stündchen ins Bett legen zu lassen.

Gesehen in Würzburg

117

Einmal um die ganze Welt

Die Umleitung führt womöglich auch noch durch die
Los Angelas Str., die Rio de Jannero Str. und die Sidney Str.

Fotografiert in Karlsruhe

Wo ist die "Titanic" 1912 gesunken?

1) Schottland
2) Amerika
3) Neupfundland
4) Antarktis
5) Irland

Mal davon abgesehen, dass keine der genannten Antworten zutreffend ist (die »Titanic« sank im Nordatlantik), so bietet Antwort 3 einen pfundigen Neuland-Fund!

Entdeckt im Online-Spiel der ARD-Quizshow

Holland – Tulpenblüte

18.-20.04. Sonderpreis	ÜF/HP 229,- €
21.-24.03./01.-04.05.	ÜF/HP 368,- €

Blumenriviera – Côte A´zur – Monaco

21.-24.03. Ostern in den Süden	HP 288,- €

Griechenland-Rundreise mit Korfu

Peloponnes – Athen – Delphi uvm.

30.04.-09.05. Mit erholsamer Schiffsreise	Ü/HP 988,- €

Da es zur Côte d'Azur zu weit gewesen wäre, wählte das
Reiseunternehmen eine kürzere Lösung.

Ulm. Seit Jahren gelten die baden-württembergische Stadt Ulm und die bayerische Nachbarstadt Neu-Ulm als Zentren für radikale Muslime auf süddeutschem Boden. Auch im Fall der am Dienstag festgenommenen drei Terror-Verdächtigen führt eine Spur in die deutsch-bayerische Grenzregion. Beim mutmaßlichen Rädelsführer, der aus Baden-Württemberg

Großer Erfolg für die bayerischen Separatisten:
Immer mehr deutsche Zeitungen erkennen die
Eigenstaatlichkeit Bayerns an.

ddp-Meldung vom 5. September 2007

Lassen Sie sich nicht beirren: Es gibt nur eine Standard-
schreibung, aber offenbar mehrere Standardfaltungen, zum
Beispiel die Standardfaltung Maimi.

Die besondere Zutat

Zuckerfrei, 40% kalorienreduziert d
Austausch von Zucker durch Zuckerau
stoff und Süßstoffe! Zahnfreundl

Ⓓ/Ⓐ **Zutaten**: Isomalt, Karamell, Säuerungsmitte
natürliches Kräuterextrakt (Zitronenmelisse, Lir
Holunderblüten, Kamillenblüten, Ysop, Schafgar
rich, Büffelgras, Ehrenpreis, Pfefferminzblätter,
Thymian, Schlüsselblumenblüten, Eibischwurze
Andorn, Malvenblüten, Bibernellwurzeln, Silber
Frauenmantelkraut), natürliches
Pfefferminzöl, Menthol, natürliches
Hustenaroma, Eukalyptusöl, Süß-
stoffe: Acesulfam-K, Aspartam*.
*Enthält eine Phenylalaninquelle.

Kann bei übermäßigem Verzehr
abführend wirken. Vor Wärme und
Feuchtigkeit schützen.

Inhalt und
mindestens haltbar bis:

Darauf haben alle »Harry Potter«-Fans gewartet:
Endlich gibt es »Bertie Botts Bohnen« auch in den Ge-
schmacksrichtungen Nasenrotz und Hustenschleim.

CREMA
DE CHOCOLATE
Schokodessert aus Spanien

In Spanien liebt man heiße, cremige Schokolade und Churros (lange Donuts, die man in Schokolade taucht). Dieses kalte Schokodessert schmeckt ausgezeichnet, sowohl pur als auch als Sauce.

ZUTATEN: Wollmilch, Zucker, Schokolade (8%), Sahne, Maisstärke, Kakao.

Es gibt sie also doch, die eierlegende Wollmilchsau!

Nach genmanipuliertem Mais jetzt der neueste Schrei
aus der Nahrungsmittelforschung: Eier aus Getreide.
Gibt's auch aus Hartweizen, Dinkel und Reis.

Gesehen auf einem Wochenmarkt in Hamburg

Die Natur
schlägt zurück

Was mag den Baum so in Wut gebracht haben, dass er bei der Grabpflege derart ausrastete?

WESTFALEN-MAGAZIN

Baum vom Nachbargrundstück verletzt 68-Jährige schwer

Werl (lnw). Bei der Pflege eines Familiengrabs hätte ein Baum fast eine 68-jährige Frau in Werl erschlagen. Auf einem Nachbargrundstück hatte ein 57-Jähriger am Mittwoch eine mehr als zehn Meter hohe Tanne gefällt, die eine Hecke durchschlug und die Rentnerin unter sich begrub. Dabei wurde sie so schwer an den Beinen verletzt, dass ein Hubschrauber sie in eine Spezialklinik bringen musste.

Aus den »Westfälischen Nachrichten« vom 1. Juli 2005

Borkenkäfer drohen mit einer Invasion
Nach Kyrill kämpft Kreisforstamt gegen potentielle Massenvermehrung an / Dritte Generation im Keim ersticken

»Hier spricht die Regierung der Borkenkäfer! Ihr habt genau 24 Stunden Zeit, unsere Forderungen zu erfüllen, andernfalls werden wir einmarschieren!«

Aus dem »Schaumburger Wochenblatt« vom 4. August 2007

Schöne neue Online-Welt

Samstag : **103o - 133o**
Sonntag : Geschlossen

Wenn Sie unsere
Wochenmenus
per E-Mail erhalten möchten,
dann können wir sie Ihnen
jeweils Sonntags senden.
Geben Sie uns einfach Ihre
E-Mail Adresse und Sie können
ab sofort von diesem Service
profitieren.

Demnächst kann man auch das Essen per E-Mail bekommen.
Jedenfalls am Sonntag. Guten @ppetit!

Gesehen in Orpund (Schweiz)

Ihre Meinung zum Thema

Britische Behörde warnt vor Gebrauch von Online-Sperma

Nach Angaben des britischen Samen-Lieferdienstes Man Not Included (Männer ausgeschlossen) ist erstmals ein Baby geboren worden, das mit im Internet bestelltem Sperma gezeugt wurde. Der kleine Junge sei im Südosten des Landes zur Welt gekommen, erklärte der Betreiber des Internetdienstes, am Dienstag. Mutter und Kind seien wohlauf.

Die Warnung war notwendig geworden, nachdem sich mehrere Frauen in Großbritannien erfolglos ein Modemkabel eingeführt hatten.

Von der Internetseite www.zdnet.de vom 20. August 2003

Endlich gibt es einen Rundum-Service für Computer-
Hacker und Virenbastler.

Was mit Ihnen passiert

Man kann Verständnis dafür aufbringen, dass »sonntags« in diesem Hotel großgeschrieben wird. Aber warum werden die Gäste ausgetauscht?

Lieber Gast!

Bitte legen Sie die Hand-
tücher, die Sie nicht mehr
benötigen in Ihr Wasch-
becken. Wir werden Sie dann
austauschen.

Haben Sie bitte Verständniss,
daß unsere Zimmer Sonntags
nicht gereinigt werden.

Sie finden uns
in :
Sasel
Wellingsbüttel
Poppenbüttel
Ahrensburg
Langenhorn
Barsbüttel

Als sich herumsprach, dass ihr Spezialpapier imstande war, Faltenbildung zu verhindern und den Hautalterungsprozess aufzuhalten, konnte sich die Ladeninhaberin vor dem Kundenansturm kaum noch retten.

Wenn Sie von
uns gehen!

Albrechts - Tiersärge

So können Sie dem Tod noch ein Schnäppchen schlagen:
Tiersärge sind in der Anschaffung deutlich günstiger!

Orthopädische Fachklinik Schwarzach

Liebe Patientinnen und Patienten,

wir begrüßen Sie als leitende Ärzte der Orthopädischen Fachklinik Schwarzach!

Wenn das keine Blitzkarriere ist: Eben noch Patient, und
im nächsten Moment bereits leitender Arzt!

Wie im Himmel, so auf Erden

Mit einem so durchschlagenden Erfolg hat die
katholische Kirche nicht zu rechnen gewagt!

Internet-Schlagzeilen vom 20. April 2005

Die irrtümliche Annahme, jedes »s« am Wortende müsse apostrophiert werden, macht offenbar nicht einmal vor dem Himmelreich halt. Armer Petru's!

Fotografiert in Karlsruhe

Joseph Kardinal Ratzinger neuer Papst Benedikt XVI.
Teufel hat Rücktritt erklärt
Haider-Partei-Abgeordneter: Deserteure waren "Kamer
Das Wetter: Abends und nachts verbreitet Regen, 8 bis

Letzte
Meldungen

Merkel tritt Putin in Wiesbaden

Südaf-
n mehr
ischen
geführ-
n. Die
n der
en
e

Wiesbaden. Bundeskanzlerin Angela Merkel (CDU) und der russische Präsident Wladimir Putin treffen Mitte Oktober in Wiesbaden mit zahlreichen Ministern zu den jährlichen deutsch-russischen Regierungskonsultationen zusammen. Parallel dazu findet vom 13. bis 15. Oktober deutsch-russische Petersburger Di statt. Dabei solle nach einem neu ältnis zwischen Russland und chen Union gesucht werde
r Co-Vorsitzende

Diese Meldung stammt vermutlich noch aus der Frühphase von Angela Merkels Amtszeit. Inzwischen hat die Kanzlerin ihre diplomatischen Methoden deutlich verfeinert.

Aus dem »Mannheimer Morgen«

Zwei Tote bei einem Ehedrama in Düsseldorf

Polizei erschoss Frau und sich selbst

DÜSSELDORF. Offenbar ein Familiendrama hat in Düsseldorf zwei Tote gefordert. Ein

Das kommt dabei raus, wenn man mit der Polizei verheiratet ist!

Aus der »Rhein-Sieg Rundschau« vom 5. November 2007

bewertet die Sendung DSDS

trifft die Kandidaten genauso wie die Zuschauer.

SEELEN-STRIPTEASE

Für viele Kandidaten ist der Wunsch, berühmt zu sein, beinah existenziell. Anders ist es nicht zu erklären, dass die Charmegrenze immer tiefer sinkt. Und anders ist es auch nicht zu erklären, dass die Gescheiterten einen Seelen-Striptease hinlegen und Millionen von Zuschauern ihre Heulattacken präsentieren. Sicherlich sind da die Eltern gefragt. Nur wir dürfen nicht

nd Dieter Bohlen. Foto: rtl

Da Seufzt Der Sick: Vorbei die Zeit, als sich das Fernsehen noch sittsam mit Schirm, Scham und Melone präsentierte.

Aus der »HNA« vom 21. Februar 2008

Zwei Tote in Schöppenstedt

71-Jähriger soll zunächst sich und später seine 65-jährige Ehefrau erschossen haben

Da war der 71-jährige Selbstmörder schon auf dem Weg ins Jenseits, als ihm siedend heiß einfiel, dass er noch etwas vergessen hatte!

Aus der »Braunschweiger Zeitung« vom 20. März 2004

Foto-Finish und Abbruch, *der 30. Chicago-Marathon geht als der heißeste, spannendste, aber auch gefährlichste in die Geschichte ein. Bei Rekordhitze von 31 Grad Celsius waren die Notarztwagen im Dauereinsatz, 350 Läufer wurden in Kliniken eingeliefert, für einen 35-jährigen Starter kam jede Hilde zu spät, er war bei Kilometer 28 kollabiert. An den Verpflegungsstellen waren die Helfer zuvor nicht mehr*

Es dauerte einige Zeit, bis Hilde über diesen Schock hinweggekommen war.

Aus dem »Kölner Stadt-Anzeiger« vom 9. Oktober 2007

Das Ende ist nah

Nur noch ein paar Schritte in eine sorglose Zukunft!

**Flexibel vorsorgen mit der VPV Sorglos-Rente.
Jetzt beraten lassen:**

VPV
VERSICHERUNGEN

Jetzt informieren!

Wer dies wörtlich nimmt, der braucht sich um seine Zukunft
wirklich keine Gedanken mehr zu machen ...

Werbung in einem U-Bahnhof in Berlin

Bildnachweis

Der Dank gilt folgenden Personen, die ihre Genehmigung zur Veröffentlichung der Fotos, Zeitungsausschnitte und anderen Materialien gegeben oder sie zur Verfügung gestellt haben. Soweit es möglich war, wurden die Copyright-Fragen zu den Abbildungen geklärt. Nicht erreichte oder erwähnte Inhaber von Bildrechten werden gebeten, sich zu melden.

Seite

11	Margit und Martin Hartung, Langenbrettach
12	Anne Quehl, Schwalmstadt
13 oben	Jutta Konen, Ascheberg
13 unten	Thomas Czerwionka, Hamburg
14	Britta Glende, Kiel
15	Martin Schulenkorf, Dortmund
17	Carsten Skutecki, Erfurt
18	Burkhart Salzmann, Berlin
19	Teddi Sander, Königstein
20	Wolf Daniel Hendele, Neuss
21	Markus Hak, Wien
23	Bärbel und Dieter Küper, Plettenberg
24	Peter Tiefenthaler, Wien
25	Christian Bahners, Kaarst
26	Elke Fahland, Dresden
27	Markus Werner, Zürich
28	Martin Koch, Mechtersen
31	Daniel C. Henrich, Heidelberg
32	Robert Bost, Oberthal
33 oben	Patrick Osawa, Gießen
33 unten	Sonja Becker, Berlin
35	Jürgen Kliem, Unterschleißheim
36 oben	Margret Mielcarek, Datteln

Haben auch Sie eine lustige Entdeckung gemacht? Ein Fundstück aus der Zeitung, einem Katalog, einem Werbeprospekt? Oder haben Sie selbst etwas fotografiert? Schicken Sie Ihr Foto mit Angaben zu Ort und Zeitpunkt der Aufnahme an:

Bastian Sick
c/o Verlag Kiepenheuer & Witsch
Bahnhofsvorplatz 1
D–50667 Köln

Oder per E-Mail an: zwiebelfisch@spiegel.de

»Bastian Sick ist Kult.«

Frankfurter Allgemeine Zeitung

Bastian Sick. Happy Aua. Paperback. KiWi 996

Gordon Blue, gefühlte Artischocken, strafende Hautlotion – nichts, was es nicht gibt! Bastian Sick hat sie in seinem Bilderbuch aus dem Irrgarten der deutschen Sprache zusammengetragen und kommentiert: missverständliche und unfreiwillig komische Speisekarten, Hinweisschilder, Werbeprospekte u. ä. – das bizarrste Deutschlesebuch der Welt.

www.kiwi-verlag.de

Verschicken Sie schon oder überlegen Sie noch?

Bastian Sick. Zu wahr, um schön zu sein. Verdrehte Sprichwörter. 16 Postkarten

Jeder kennt es: Da sucht man nach der passenden Rede-
wendung und schon sieht man vor lauter Wald die Bäume
nicht. Schnell sind die falschen Sätze ausgesprochen, sie
kommen einem böhmisch vor und man steht da wie der
Ochs auf dem Berg. Die besten verdrehten Sprichwörter
gibt es nun auf Postkarten – »Zu wahr, um schön zu sein«.

www.kiwi-verlag.de

Ein Sick für alle Fälle!

Bastian Sick. Der Dativ ist dem Genitiv sein Tod.
Ein Wegweiser durch den Irrgarten der deutschen
Sprache. Die Zwiebelfisch-Kolumnen. Folge 1-3 in
einem Band. Sonderausgabe. KiWi 1072

»Der Dativ ist dem Genitiv sein Tod« ist eines der erfolg-
reichsten Bücher der letzten Jahre. Mit Kenntnisreich-
tum und Humor hat Bastian Sick uns durch den Irrgarten der deutschen Sprache geführt. Jetzt sind erstmalig
die ersten drei Folgen in einem Band versammelt und
mit einem neuen, alle drei Bände umfassenden Register
versehen worden.

www.kiwi-verlag.de KiWi PAPERBACK

Zum Lesen, Lachen und Nachschlagen

Paperback. KiWi 863

Gebundene Schmuckausgabe mit
Lesebändchen

Paperback. KiWi 900

Paperback. KiWi 958

Witzig und unterhaltsam – die »Wegweiser durch
den Irrgarten der deutschen Sprache« von Bastian Sick
begeisterten bereits Millionen Leser.

www.kiwi-verlag.de

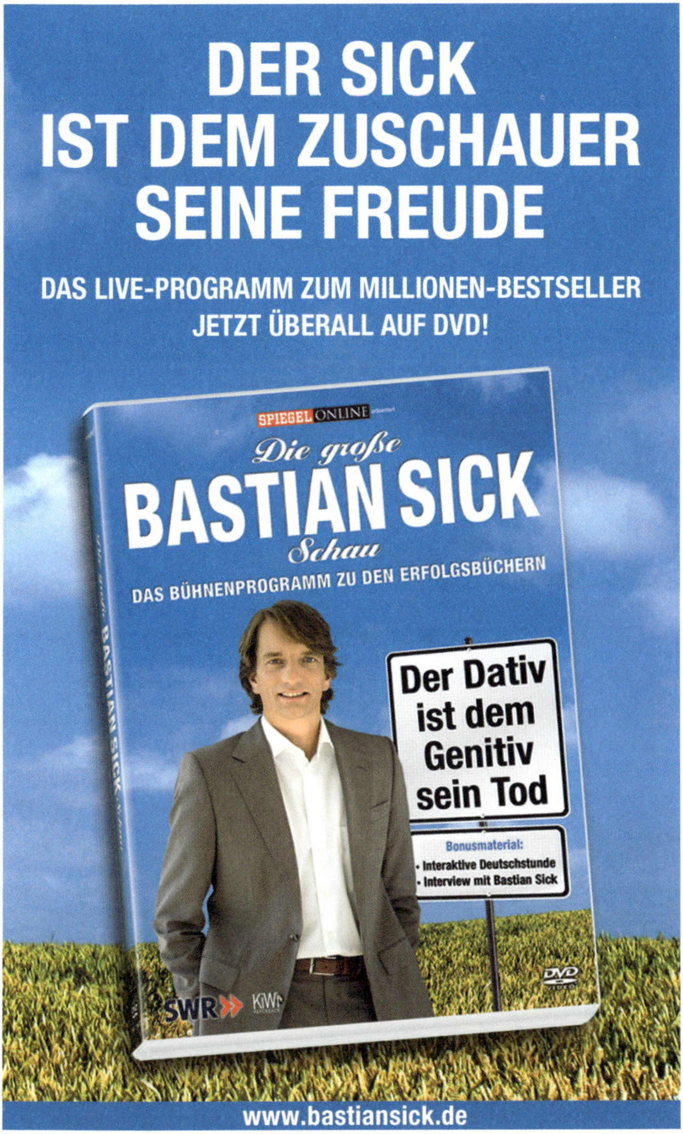
DER SICK
IST DEM ZUSCHAUER
SEINE FREUDE
DAS LIVE-PROGRAMM ZUM MILLIONEN-BESTSELLER
JETZT ÜBERALL AUF DVD!
SPIEGEL ONLINE
Die große
BASTIAN SICK
Schau
DAS BÜHNENPROGRAMM ZU DEN ERFOLGSBÜCHERN
Der Dativ ist dem Genitiv sein Tod
Bonusmaterial:
• Interaktive Deutschstunde
• Interview mit Bastian Sick
SWR
KiWi
DVD
www.bastiansick.de

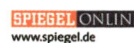

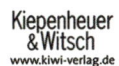

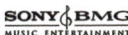